La Majesté du Calme

Problèmes et possibilités individuels

William George Jordan

Writat

Cette édition parue en 2023

ISBN : 9789359250441

Publié par
Writat
email : info@writat.com

Contenu

I
LA MAJESTÉ DU CALME

Le calme est la qualité la plus rare dans la vie humaine. C'est l'équilibre d'une grande nature, en harmonie avec elle-même et ses idéaux. C'est l'atmosphère morale d'une vie centrée sur elle-même , autonome et contrôlée. Le calme est un objectif unique, une confiance absolue et un pouvoir conscient, prêt à être concentré en un instant pour faire face à n'importe quelle crise.

Le Sphinx n'est pas un véritable type de calme ; la pétrification n'est pas le calme ; c'est la mort, le silence de toutes les énergies ; alors que personne ne vit sa vie plus pleinement, plus intensément et plus consciemment que l'homme calme.

Le Fataliste n'est pas calme. Il est l'esclave lâche de son environnement, s'abandonnant désespérément à sa condition présente, imprudemment indifférent à son avenir. Il accepte sa vie de navire sans gouvernail, dérivant sur l'océan du temps. Il n'a ni boussole, ni carte, ni port connu vers lequel il navigue. Son infériorité avouée par rapport à toute la nature se manifeste dans son existence d'abandon constant. Ce n'est pas le cas, le calme.

L'homme calme a son parcours de vie clairement indiqué sur son thème. Sa main est toujours sur le gouvernail. Tempête, brouillard, nuit, tempête, danger, récifs cachés , il est toujours préparé et prêt à y faire face. Il est rendu calme et serein par la prise de conscience que dans ces crises de son voyage, il a besoin d'un esprit clair et d'une tête froide ; qu'il n'a rien d'autre à faire que de faire chaque jour du mieux qu'il peut avec la lumière dont il dispose ; qu'il ne bronchera jamais ni ne faiblira un instant ; que, même s'il devait virer de bord et abandonner sa route pendant un certain temps, il ne dériverait jamais, il retrouverait le vrai chenal, il garderait toujours le cap vers son port. *Quand* il y parviendra, *comment* il y parviendra ne lui importe pas. Il repose dans le calme, sachant qu'il a fait de son mieux. Si ses meilleurs semblent être renversés ou annulés, alors il doit quand même baisser la tête, dans le calme. Aucun homme n'a le droit de connaître l'avenir de sa vie, sa finalité. Dieu ne confie à l'homme que de nouveaux commencements, une nouvelle sagesse et de nouveaux jours pour utiliser le meilleur de sa connaissance.

Le calme vient toujours de l'intérieur. C'est la paix et le repos des profondeurs de notre nature. La fureur de la tempête et du vent n'agite que la surface de la mer ; ils ne peuvent pénétrer que deux ou trois cents pieds, - au-dessous se trouve la profondeur calme et imperturbable. Pour être prêts aux grandes crises de la vie, nous devons apprendre la sérénité dans notre vie quotidienne. Le calme est la couronne de la maîtrise de soi.

Lorsque les soucis et les soucis de la journée vous inquiètent, commencent à vous peser et que vous vous irritez sous la friction, soyez calme. Arrêtez-vous, reposez-vous un instant et laissez le calme et la paix s'imposer. Si vous laissez ces influences extérieures irritantes prendre le dessus sur vous, vous leur confessez votre infériorité en leur permettant de vous dominer. Étudiez les éléments perturbateurs, chacun par lui-même, exercez sur eux toute la volonté de votre nature, et vous constaterez qu'ils se fondront un à un dans le néant, comme des vapeurs qui se dissipent devant le soleil. L'éclat du calme qui imprégnera alors votre esprit, la sensation de picotement d'un afflux de force nouvelle, peut être pour vous le début de la révélation du calme suprême qui vous est possible. Alors, à une heure importante de votre vie, lorsque vous serez confronté à une épreuve terrible, lorsque la structure de votre ambition et de votre travail de vie s'effondrera en un instant, vous serez courageux. Vous pouvez alors croiser les bras calmement, regarder sans crainte et sans crainte les cendres de votre espoir, les ruines de ce que vous avez fidèlement construit, et avec un cœur courageux et une voix inébranlable, vous pouvez dire : « Ainsi qu'il en soit, -- je je reconstruirai. »

Lorsque le langage de la méchanceté et de la calomnie, la persécution de l'infériorité, vous incite un instant à riposter, lorsque l'espace d'un instant vous vous oubliez au point d'avoir soif de vengeance, soyez calme . Lorsque le héron cendré est poursuivi par son ennemi, l'aigle, il ne court pas pour s'échapper ; il reste calme, prend une position digne et attend tranquillement, face à l'ennemi, impassible. Avec la force terrible avec laquelle l'aigle attaque, le fameux roi des oiseaux est souvent empalé et transpercé sur le bec silencieux et en forme de lance du héron. Le moyen que l'homme prend pour tuer le personnage d'autrui devient son propre suicide.

Aucun homme au monde n'a jamais tenté de faire du tort à autrui sans être blessé en retour, d'une manière ou d'une autre, un jour. La seule arme offensive que la nature semble reconnaître est le boomerang. La nature tient admirablement ses livres ; elle dépose chaque article, elle clôture enfin tous les comptes, mais elle ne les équilibre pas toujours à la fin du mois. Pour l'homme calme, la vengeance est si indigne de lui qu'il ne peut l'atteindre, même en se baissant. Lorsqu'il est blessé, il ne riposte pas ; il enroule autour de lui les robes royales du calme, et il continue tranquillement son chemin.

Lorsque la main de la Mort touche celui qui nous est le plus cher, paralyse notre énergie et éclipse le soleil de notre vie, le calme accumulé depuis de longues années devient en un instant notre refuge, notre force de réserve.

La plus subtile de toutes les tentations est le succès *apparent* des méchants. Il faut du courage moral pour voir, sans broncher, la prospérité matérielle arriver à des hommes malhonnêtes ; voir des politiciens accéder à la notoriété, au pouvoir et à la richesse grâce à la supercherie et à la corruption ; voir la vertu dans les haillons et le vice dans les velours ; voir l'ignorance à un prix élevé et la connaissance à un prix réduit. Pour l'homme vraiment calme, ces énigmes de la vie ne plaisent pas. Il vit sa vie du mieux qu'il peut ; il ne se soucie pas des problèmes de justice, dont la solution doit être laissée à l'Omniscience.

Lorsque l'homme a développé l'esprit de calme jusqu'à ce qu'il devienne si absolument partie intégrante de lui que sa présence même l'irradie, il a fait de grands progrès dans la vie. Le calme ne s'acquiert pas de lui-même et par lui-même ; cela doit être le point culminant d'une série de vertus. Ce dont le monde et les individus ont besoin, c'est d'un niveau de vie plus élevé, d'un sens aigu du privilège et de la dignité de la vie, d'une conception plus élevée et plus noble de l'individualité.

Grâce à ce grand sentiment de calme qui imprègne l'individu, l'homme devient capable de se retirer davantage en lui-même, loin du bruit, de la confusion et des conflits du monde, qui ne lui parviennent à l'oreille que sous forme de grondements faibles et lointains, ou de tumulte. de la vie d'une ville entendu seulement comme un bourdonnement par l'homme en ballon.

L'homme calme ne s'isole pas égoïstement du monde, car il s'intéresse intensément à tout ce qui concerne le bien-être de l'humanité. Son calme n'est qu'un Saint des Saints dans lequel il peut se retirer *du* monde pour trouver la force de vivre *dans* le monde. Il se rend compte que la pleine gloire de l'individualité, le couronnement de sa maîtrise de soi est la majesté du calme.

II
Dépêchez-vous, le fléau de l'Amérique

Le premier sermon au monde a été prêché à la Création. C'était une protestation divine contre Hurry. C'était une leçon divine de loi parfaite, de plan parfait, d'ordre parfait, de méthode parfaite. Six jours de travail soigneusement planifiés, programmés et achevés ont été suivis de repos. Que nous acceptions l'histoire comme littérale ou figurative, comme le récit de jours successifs ou d'âges comprenant des millions d'années, peu importe si nous apprenons la leçon.

La nature est très anti-américaine. La nature n'est jamais pressée. Chaque phase de son travail fait preuve de planification, de calme, de fiabilité et d'absence de précipitation. Se dépêcher implique toujours un manque de méthode définie, une confusion, une impatience face à une croissance lente. La Tour de Babel, le premier gratte-ciel du monde, fut un échec à cause de la précipitation. Les ouvriers ont pris leur ambition arrogante pour de l'inspiration. Ils avaient trop de constructeurs et pas d'architecte. On croyait suppléer le manque de tête par un excès de mains. C'est une caractéristique de Hurry. Il cherche toujours à faire de l'énergie un substitut à un plan clairement défini, le résultat est toujours aussi désespéré que d'essayer de transformer un cheval de bataille en un véritable coursier par une conduite rapide.

La hâte est une contrefaçon de la hâte. La hâte a un idéal, un but distinct qui doit être réalisé par les méthodes les plus rapides et directes. La hâte a une boussole unique sur laquelle elle s'appuie pour se diriger et en harmonie avec laquelle sa route est déterminée. Dépêchez-vous de dire : "Je dois aller plus vite. J'aurai trois boussoles ; je les aurai différentes ; je serai guidée par chacune d'elles. L'une d'elles aura probablement raison." Dépêchez-vous de ne jamais réaliser qu'un travail de fondation lent et minutieux est finalement le plus rapide.

Dépêchez-vous a ruiné plus d'Américains que n'importe quel autre mot du vocabulaire de la vie. C'est le fléau de l'Amérique ; et c'est à la fois une cause et un résultat de notre civilisation sous haute pression. Hurry assume adroitement tant de mascarades de déguisement que son identité n'est pas toujours reconnue.

Dépêchez-vous, vous payez toujours le prix le plus élevé pour tout et, généralement, les marchandises ne sont pas livrées. Dans la course à la richesse, les hommes sacrifient souvent du temps, de l'énergie, de la santé, du foyer, du bonheur et de l'honneur, tout ce que l'argent ne peut pas acheter, ces choses mêmes que l'argent ne peut jamais rapporter. Hurry est un fantôme de paradoxes. Les hommes d'affaires, dans leur désir d'assurer le bonheur futur de leur famille, sacrifient souvent le bonheur présent de leur femme et de leurs enfants sur l'autel de Hurry. Ils oublient que leur place dans la maison devrait être quelque chose de plus grand que celui d'être simplement « l'homme qui paie les factures » ; ils attendent une considération et une attention qu'ils n'accordent pas.

Nous entendons trop parler des devoirs de l'épouse envers son mari et trop peu de l'autre côté de la question. "La femme", nous disent-ils, "doit accueillir son mari avec un sourire et un baiser, surveiller son humeur avec tact et être toujours douce et ensoleillée". Pourquoi ce continuel mouvement de l'encensoir du dévouement à l'homme d'affaires ? Pourquoi une femme devrait-elle lever un regard timide vers le visage de son mari pour « évaluer son humeur » ? Sa journée, elle aussi, n'a-t-elle pas été marquée par le soin, la responsabilité et la vigilance ? L'amour maternel n'a-t-il pas travaillé sur des problèmes et des soucis embarrassants concernant le foyer et l'éducation des enfants que l'amour conjugal peut lui faire chercher à résoudre en secret ? L'homme est-il donc le sexe faible qu'il faut chouchouter et traiter avec la même tendresse qu'un furoncle en essayant de le préserver du contact avec le monde ?

Dans leur hâte d'atteindre une ambition, de réaliser le rêve d'une vie, les hommes jettent souvent aux vents l'honneur, la vérité et la générosité. Les politiciens osent rester les bras croisés et voir une ville empoisonnée par des eaux sales jusqu'à ce qu'ils « voient où ils interviennent » en matière de crédits pour les travaux d'aqueduc. S'il est nécessaire d'empoisonner une armée, cela aussi n'est qu'un incident dans la course à la richesse.

C'est l'ère de la serre chaude. L'élément de croissance naturelle est mis de côté et la serre et la pompe à force sont remplacées. La nature regarde avec tolérance lorsqu'elle dit : « Vous pouvez aller jusqu'ici, mais pas plus loin, mes enfants insensés. »

Le système éducatif d'aujourd'hui est une institution monumentale dédiée à Hurry. Les enfants sont obligés de suivre une série d'études qui balayent le cercle de toute la sagesse humaine. On leur donne tout ce que l'ambitieuse ignorance de l'époque peut leur imposer ; on leur apprend tout sauf l' essentiel : comment utiliser leurs sens et comment penser. Leurs esprits sont encombrés par une grande masse de faits non digérés, et pourtant le forçage cruel et barbare continue. Vous regardez cela jusqu'à ce que vous ayez l'impression que vous ne pouvez pas le supporter un instant de plus, et vous tendez instinctivement la main et dites : "Arrêtez ! Ce massacre moderne des Innocents ne doit *pas* continuer !" L'éducation sourit suavement, agite la main avec complaisance vers ses milliers de prisons du savoir à travers le pays et dit : « Qui es-tu qui ose dire un mot contre notre système scolaire sacré ?

L'éducation est pressée. Parce qu'elle ne réussit pas en quinze ans à faire ce que la moitié du temps devrait accomplir par de meilleures méthodes, elle ne devrait pas se vanter trop. L'incompétence n'est pas toujours un motif de fierté. Et ils précipitent les enfants vers une centaine de manuels, puis vers la maladie, puis vers les collèges, puis vers un diplôme, puis vers la vie, avec un esprit étourdi, non formé et inapte aux véritables devoirs de la vie.

Se dépêcher est le coup mortel porté au calme, à la dignité et à l'équilibre. La courtoisie d'antan a disparu lorsque la nouvelle hâte est arrivée. Dépêchez-vous est le père de la dyspepsie. Dans le tourbillon de notre vie nationale, la consommation de nourriture est devenue un vice national. Les mots « Déjeuners rapides » pourraient à juste titre être placés sur des milliers de pierres tombales dans nos cimetières. L'homme oublie qu'il est le seul animal à dîner ; les autres se contentent de se nourrir. Pourquoi abroge-t-il son droit de dîner et va-t-il jusqu'au bout de la file avec les simples nourrisseurs ? Son estomac qui se respecte se rebelle, et exprime son indignation par une indigestion. L'homme doit alors traverser sa vie avec une petite bouteille de comprimés de pepsine dans la poche de son gilet. Il n'est qu'une victime supplémentaire de cet engouement pour la vitesse. Dépêchez-vous signifie la rupture des nerfs. C'est la voie royale vers la prostration nerveuse.

Tout ce qui est grand dans la vie est le produit d'une croissance lente ; plus l'œuvre est nouvelle, grande, élevée et noble, plus sa croissance est lente, plus son succès durable est sûr. Les champignons atteignent leur pleine puissance en une nuit ; les chênes nécessitent des décennies. Une mode vit sa vie en quelques semaines ; une philosophie vit à travers les générations et les siècles. Si vous êtes sûr d'avoir raison, ne laissez pas la voix du monde, de vos amis ou de votre famille vous détourner un instant de votre objectif. Acceptez une croissance lente si elle doit être lente, et sachez que les résultats *doivent* arriver, comme vous accepteriez les longues heures solitaires de la nuit, avec l'assurance absolue que les moments lourds de plomb *doivent* amener le matin.

En tant qu'individus, bannissons le mot « Dépêchez-vous » de nos vies. Ne nous soucions de rien au point de payer l'honneur et le respect de nous-mêmes comme prix à payer pour aller plus vite. Cultivons le calme, le repos, l'équilibre, la douceur, faisons de notre mieux, supportant toutes choses aussi courageusement que possible ; vivre notre vie sans être dérangé par la prospérité des méchants ou la méchanceté des envieux. Ne soyons pas impatients, ne nous irritons pas du retard, ne nous inquiétons pas des échecs, ne nous lassons pas des résultats et ne nous affaiblissons pas face à l'opposition. Tournons toujours notre visage vers l'avenir avec confiance, avec le calme d'une vie en harmonie avec elle-même, fidèle à ses idéaux et progressant lentement et constamment vers leur réalisation.

Voyons ce lâche mot Dépêchez-vous dans toutes ses phases les plus dégénératives, voyons qu'il tue toujours la vérité, la loyauté, la rigueur ; et décidons que, de jour en jour, nous chercherons de plus en plus à lui substituer le calme et le repos d'une vie vraie, noblement vécue.

III
LE POUVOIR DE L'INFLUENCE PERSONNELLE

La seule responsabilité à laquelle un homme ne peut se soustraire dans cette vie est celle à laquelle il pense le moins : son influence personnelle. L'influence consciente de l'homme, lorsqu'il participe à un défilé vestimentaire, lorsqu'il pose pour impressionner son entourage, est terriblement minime. Mais son influence inconsciente, le rayonnement silencieux et subtil de sa personnalité, l'effet de ses paroles et de ses actes, les bagatelles auxquelles il ne pense jamais, sont formidables. À chaque instant de la vie, il change dans une certaine mesure la vie du monde entier. Chaque homme a une atmosphère qui affecte les autres. Cette influence agit si silencieusement et inconsciemment que l'homme peut oublier qu'elle existe.

Toutes les forces de la nature, chaleur, lumière, électricité et gravitation, sont silencieuses et invisibles. Nous ne les *voyons jamais* ; on ne sait qu'ils existent qu'en voyant les effets qu'ils produisent. Dans toute la nature, les merveilles du « visible » sont insignifiantes en comparaison avec la majesté et la gloire de « l'invisible ». Le grand soleil lui-même ne fournit pas suffisamment de chaleur et de lumière pour entretenir la vie animale et végétale sur terre. Nous dépendons pour près de la moitié de notre lumière et de notre chaleur des étoiles, et la plus grande partie de cet approvisionnement en énergie vitale provient d' étoiles *invisibles , situées à des millions de kilomètres de la Terre.* De mille manières, la nature cherche constamment à conduire les hommes à une prise de conscience plus aiguë et plus profonde de la puissance et des merveilles de l'invisible.

Entre les mains de chaque individu est donné un merveilleux pouvoir pour le bien ou pour le mal : l'influence silencieuse, inconsciente et invisible de sa vie. Il s'agit simplement du rayonnement constant de ce qu'un homme *est réellement* , et non de ce qu'il prétend être. Chaque homme, par le simple fait de sa vie, irradie de sympathie, ou de chagrin, ou de morbidité , ou de cynisme, ou de bonheur, ou d'espoir, ou l'une des cent autres qualités. La vie est un état de rayonnement et d'absorption constants ; exister, c'est rayonner ; exister, c'est être le récepteur de radiations.

Il y a des hommes et des femmes dont la présence semble rayonner de soleil, de joie et d'optimisme. Vous vous sentez apaisé et reposé et retrouvez en un instant une foi nouvelle et plus forte en l'humanité. Il y en a d'autres qui concentrent en un instant toute votre méfiance latente, votre morbidité et votre rébellion contre la vie. Sans savoir pourquoi, vous vous irritez et vous inquiétez en leur présence. Vous perdez vos repères sur la vie et ses problèmes. Votre boussole morale est perturbée et insatisfaisante. Cela devient faux en un instant, comme l'aiguille magnétique d'un navire est déviée lorsqu'il passe près de grandes montagnes de minerai de fer.

Il y a des hommes qui flottent sur le courant de la vie comme des icebergs : froids, réservés, inaccessibles et autonomes. En leur présence, vous rapprochez involontairement vos enveloppes autour de vous, en vous demandant qui a laissé la porte ouverte. Ces êtres humains réfrigérés ont une influence des plus déprimantes sur tous ceux qui tombent sous le charme de leur froid irradié. Mais il existe d'autres natures, chaleureuses, serviables, géniales, qui sont comme le Gulf Stream, suivant leur propre cours, coulant sans crainte et sans crainte dans l'océan d'eaux plus froides. Leur présence apporte chaleur et vie et l'éclat du soleil, le souffle joyeux et stimulant du printemps. Il y a des hommes qui ressemblent au paludisme marécages, venimeux, déprimants et affaiblissants par leur seule présence. Ils rendent l'atmosphère de leur propre maison lourde, oppressante et sombre ; le bruit des jeux des enfants est apaisé, les éclats de rire sont figés par leur présence. Ils traversent la vie comme si chaque jour était un nouveau grand enterrement, et ils ont toujours été les principaux pleureurs. Il y a d'autres hommes qui ressemblent à l'océan ; ils sont constamment toniques, stimulants, donnant par leur seule présence de nouvelles bouffées de vie tonique et de force.

Il y a des hommes qui n'ont pas de cœur sincère, et ce manque de sincérité transparaît par leur présence. Ils ont un merveilleux intérêt à votre bien-être, quand ils ont besoin de vous. Ils affichent un sourire « de propriété » si soudainement, lorsqu'il sert leur objectif, qu'il semble que ce sourire doit être lié à un bouton électrique dissimulé dans leurs vêtements. Leur voix a une cordialité simulée qu'un long entraînement aurait pu rendre presque naturelle. Mais ils ne jouent jamais leur rôle de manière absolument vraie, le masque *tombe* parfois ; leur intelligence ne peut pas enseigner à leurs yeux l'air d'une honnêteté irréprochable ; ils peuvent tromper certaines personnes, mais ils ne peuvent pas tromper tout le monde. Il y a un pouvoir subtil de révélation qui nous fait dire : "Eh bien, je ne peux pas expliquer comment c'est, mais je sais que l'homme n'est pas honnête."

L'homme ne peut échapper un seul instant à ce rayonnement de son caractère, à cet affaiblissement ou renforcement constant des autres. Il ne peut pas éluder sa responsabilité en prétendant qu'il s'agit d'une influence inconsciente. Il peut *sélectionner* les qualités qu'il permettra de rayonner. Il peut cultiver la douceur, le calme, la confiance, la générosité, la vérité, la justice, la loyauté, la noblesse, les rendre vitalement actifs dans son caractère, et par ces qualités il affectera constamment le monde.

Le découragement vient souvent aux âmes honnêtes qui tentent de vivre du mieux qu'elles peuvent, à l'idée qu'elles font si peu de bien au monde. Des bagatelles que nous n'avons pas remarquées peuvent être des maillons dans la chaîne d'un grand dessein. En 1797, William Godwin écrivit The Inquirer, un recueil d'essais révolutionnaires sur la morale et la politique. Ce livre a incité Thomas Malthus à écrire son Essai sur la population, publié en 1798. Le livre de Malthus a suggéré à Charles Darwin un point de vue auquel il a consacré de nombreuses années de sa vie, ce qui a abouti, en 1859, à la publication de L'Origine des espèces . ,-- le livre le plus influent du XIXe siècle, un livre qui a révolutionné toute la science. Ce ne sont là que trois liens d'influence qui s'étendent sur soixante ans. Il serait peut-être possible de retracer cette généalogie d'influence depuis Godwin, de génération en génération, jusqu'aux paroles ou aux actes d'un berger des débuts de la Grande-Bretagne, surveillant son troupeau sur les collines, vivant sa vie tranquille et mourant en pensant qu'il n'avait rien fait pour aider le monde.

Les hommes et les femmes ont des devoirs envers les autres et des devoirs envers eux-mêmes. Par justice envers nous-mêmes, nous devrions refuser de vivre dans une atmosphère qui nous empêche de vivre le meilleur de nous-mêmes. Si la faute est en nous, nous devons la maîtriser. Si c'est l'influence personnelle d'autrui qui, comme une vapeur nocive, tue nos meilleures impulsions, nous devrions nous éloigner de cette influence, si nous pouvons *nous* déplacer sans abandonner nos devoirs. Si ce n'est pas bien de bouger, alors nous devrions prendre de fortes doses de quinine morale pour contrecarrer le paludisme de l'influence. Ce n'est pas ce que ceux qui nous entourent *font* pour nous qui compte, mais ce qu'ils *sont* pour nous. Nous transportons nos plantes d'intérieur d'une fenêtre à l'autre pour leur fournir la chaleur, la lumière, l'air et l'humidité nécessaires. Ne devrions-nous pas être au moins aussi prudents envers nous-mêmes ?

Pour faire sentir notre influence, nous devons vivre notre foi, nous devons mettre en pratique ce que nous croyons. Un aimant n'attire pas le fer, comme le fer. Il doit d'abord convertir le fer en un autre aimant avant de pouvoir l'attirer. Il est inutile qu'un parent essaie d'enseigner la douceur à ses enfants lorsqu'il est lui-même colérique et irritable. L'enfant à qui on demande de dire la vérité et qui entend un parent mentir intelligemment pour échapper à un petit désagrément social ne s'accrochera pas avec beaucoup de zèle à la vérité. Les paroles du parent disent « ne mentez pas », l'influence de la vie du parent dit « mentez ». Aucun homme ne peut jamais s'isoler pour échapper à ce pouvoir constant d'influence, comme aucun corpuscule ne peut se rebeller et échapper au cours général du sang. Aucun individu n'est insignifiant au point de rester sans influence. Les changements dans nos différentes humeurs sont tous enregistrés dans les délicats baromètres de la vie des autres. Nous devrions toujours laisser notre influence filtrer à travers l'amour et la sympathie humains. Nous ne devrions pas être simplement une influence, nous devrions être une source d'inspiration. Par notre simple présence, nous

devrions être une tour de force pour les âmes humaines affamées qui nous
entourent.

IV
LA DIGNITÉ DE L'AUTONOMIE

La confiance en soi, sans autonomie, est aussi inutile qu'une recette de cuisine, sans nourriture. La confiance en soi voit les possibilités de l'individu ; l'autonomie les réalise. La confiance en soi voit l'ange dans le bloc de marbre brut ; l'autonomie le façonne pour lui-même.

L'homme autonome dit toujours : "Personne d'autre que moi ne peut réaliser mes possibilités ; personne d'autre que moi ne peut me rendre bon ou mauvais." Il travaille à son propre salut, financièrement, socialement, mentalement, physiquement et moralement. La vie est un problème individuel que l'homme doit résoudre lui-même. La nature n'accepte aucun sacrifice indirect, aucun service indirect. La nature ne reconnaît jamais un vote par procuration. Elle n'a rien à voir avec les intermédiaires , elle ne s'occupe qu'avec les particuliers. La nature cherche constamment à montrer à l'homme qu'il est son meilleur ami ou son pire ennemi. La nature donne à l'homme le choix selon lequel il sera seul.

Tous les exercices athlétiques du monde n'ont aucune valeur pour l'individu à moins qu'il n'oblige ces barres et ces haltères à lui céder, en force et en muscles, la puissance pour laquelle il paie lui-même en temps et en efforts. Il ne pourra jamais développer ses muscles en envoyant son valet de chambre dans un gymnase.

Les pharmacies du monde sont impuissantes, dans tous leurs efforts conjugués, à aider l'individu jusqu'à ce qu'il tende la main et prenne pour lui-même ce qui est nécessaire à sa faiblesse individuelle.

Toutes les religions du monde ne sont que des spéculations morales, de simples théories du salut, jusqu'à ce que l'individu réalise qu'il doit se sauver en s'appuyant sur la loi de la vérité, telle qu'il la voit, et en vivant sa vie en harmonie avec elle, aussi pleinement que possible. comme il peut. Mais la religion n'est pas une voiture Pullman, avec des sièges moelleux, où il n'a qu'à payer son billet, et quelqu'un d' autre s'occupe du reste. En religion, comme dans toutes les autres grandes choses, il est toujours rejeté sur son autonomie. Il devrait accepter toutes les aides, mais il doit vivre sa propre vie. Il ne doit pas se considérer comme un simple passager ; il est l'ingénieur et le train est sa vie. Nous devons compter sur nous-mêmes, vivre notre propre vie, sinon nous dériverons simplement à travers l'existence, perdant tout ce qu'il y a de meilleur, tout ce qu'il y a de plus grand, tout ce qui est divin.

Tout ce que les autres peuvent faire pour nous, c'est nous donner des opportunités. Nous devons toujours être prêts à saisir l'opportunité lorsqu'elle se présente, et la poursuivre et la trouver lorsqu'elle ne se présente pas, ou cette opportunité est pour nous, rien. La vie n'est qu'une succession d'opportunités. Ils sont pour le bien ou le mal, selon que nous les fabriquons.

Beaucoup d'alchimistes d'autrefois estimaient qu'il ne leur manquait qu'un seul élément ; s'ils parvenaient à l'obtenir, ils croyaient pouvoir transmuer les métaux les plus vils en or pur. C'est tellement dans le caractère. Il y a des individus dotés de dons mentaux rares et d'un discernement spirituel délicat qui échouent complètement dans la vie parce qu'il leur manque le seul élément : l'autonomie. Cela unifierait toutes leurs énergies et les concentrerait sur la force et le pouvoir.

L'homme qui n'est pas autonome est faible, hésitant et doutant dans tout ce qu'il fait. Il craint de franchir une étape décisive, parce qu'il redoute l'échec, parce qu'il attend que quelqu'un le conseille ou parce qu'il n'ose pas agir selon son propre jugement. Dans sa lâcheté et sa vanité, il voit tout son échec dû aux autres. Il n'est « pas apprécié », « non reconnu », il est « tenu à l'écart ». Il a le sentiment que, d'une manière subtile, « la société conspire contre lui ». Il devient presque vaniteux lorsqu'il pense que personne n'a connu une telle pauvreté, un tel chagrin, une telle affliction, un tel échec qui lui sont arrivés.

L'homme qui compte sur lui-même cherche toujours à découvrir et à vaincre la faiblesse intérieure qui l'empêche d'atteindre ce qui lui est le plus cher ; il cherche en lui-même le pouvoir de lutter contre toutes les influences extérieures. Il se rend compte que tous les plus grands hommes de l'histoire, à chaque phase de l'effort humain, ont été ceux qui ont dû lutter contre les risques de maladie, de souffrance et de chagrin. Pour lui, la défaite n'est rien de plus que le passage dans un tunnel ne l'est pour un voyageur : il sait qu'il doit ressortir à nouveau dans la lumière du soleil.

La nation la plus forte est celle qui est la plus autonome, celle qui contient dans ses frontières tout ce dont son peuple a besoin. Si, avec ses ports tous bloqués, elle n'a pas en elle les nécessités de la vie et les éléments de son progrès continu , alors elle est faible, tenue par l'ennemi, et ce n'est qu'une question de temps avant qu'elle doive se rendre. Son indépendance est proportionnelle à son autonomie et à sa capacité à se maintenir de l'intérieur. Ce qui est vrai des nations l'est également des individus. L'histoire des nations n'est que la biographie des individus magnifiée, intensifiée, multipliée et projetée sur l'écran du passé. L'histoire est la biographie d'une nation ; la biographie est l'histoire d'un individu. Il faut donc que l'individu le plus fort dans toute épreuve, chagrin ou besoin soit celui qui peut vivre de sa force inhérente, qui n'a pas besoin d'un échafaudage de sympathie banale pour le soutenir. Il doit toujours être autonome.

La richesse et la prospérité de la Rome antique, qui comptait sur ses esclaves pour accomplir le véritable travail de la nation, ont prouvé la chute de la nation. La dépendance constante à l'égard des captifs de guerre pour s'occuper des mille détails de la vie à leur place a tué l'autonomie de la nation et de l'individu. Puis, à cause d'une autonomie affaiblie et des possibilités accrues de confort oisif et luxueux qui en découlaient, Rome, une nation de combattants, est devenue une nation d'hommes plus efféminés que de femmes. À mesure que nous dépendons des autres pour faire les choses que nous devrions faire nous-mêmes, notre autonomie s'affaiblit et nos pouvoirs et notre contrôle sur eux deviennent continuellement moindres.

l'homme doit être autonome. Même s'il ne l'est pas en toutes choses, il doit être autonome dans celle dans laquelle il veut être grand. Cette autonomie n'est pas l'autosuffisance de la vanité. C'est oser se tenir seul. Soyez un chêne, pas une vigne. Soyez prêt à apporter votre soutien, mais n'en avez pas envie ; n'en dépendez pas. Pour développer votre véritable autonomie, vous devez comprendre dès le début que la vie est une bataille que vous devez mener pour vous-même : vous devez être votre propre soldat. Vous ne pouvez pas acheter un remplaçant, vous ne pouvez pas obtenir un sursis, vous ne pouvez jamais être inscrit sur la liste des retraités. La liste retirée de la vie est la mort. Le monde est occupé avec ses propres soucis, ses chagrins et ses joies, et ne vous prête guère attention. Il n'y a qu'un seul grand mot de passe pour réussir : l'autonomie.

Si vous souhaitez apprendre à converser, placez-vous dans des positions où vous *devez* parler. Si vous voulez vaincre votre morbidité , mêlez-vous aux personnes brillantes qui vous entourent, aussi difficile que cela puisse être. Si vous désirez le pouvoir que possède quelqu'un d' autre , n'enviez pas sa force et dissipez votre énergie en souhaitant faiblement que sa force soit la vôtre. Imitez le processus par lequel il est devenu le sien, comptez sur votre autonomie, payez le prix pour cela, et un pouvoir égal peut être le vôtre. L'individu doit se considérer comme un investissement, aux possibilités incalculables s'il est correctement exploité, - une mine dont les ressources ne peuvent jamais être connues qu'en y descendant et en faisant ressortir ce qui est caché.

L'homme peut développer son autonomie en cherchant constamment à se dépasser. Nous essayons trop de surpasser les autres. Si jamais nous cherchons à nous dépasser, nous avançons sur une ligne de progrès uniforme, qui unifie harmonieusement notre croissance dans toutes ses parties. Daniel Morrell, autrefois président de Cambria Rail Works, qui employait 7 000 hommes et rendait un rail célèbre dans le monde entier, fut interrogé sur le secret du grand succès des travaux. "Nous n'avons pas de secret", a-t-il déclaré, "mais ceci, nous essayons toujours de battre notre dernier lot de rails." La concurrence, c'est bien, mais elle comporte son côté dangereux. Il existe une tendance à sacrifier la valeur réelle à la simple apparence, à privilégier l'apparence plutôt que la réalité. Mais la véritable compétition est la compétition de l'individu avec lui-même, son présent cherchant à surpasser son passé. Cela signifie une véritable croissance de l'intérieur. L'autonomie le développe, et elle développe l'autonomie. Laissez l'individu ressentir ainsi ses propres progrès et possibilités, et il pourra presque créer sa vie comme il l'entend. Qu'il ne se désespère jamais devant les dangers et les chagrins à distance ; ils peuvent être inoffensifs, comme les lions de pierre de Bunyan, lorsqu'il s'en approche.

L'homme qui compte sur lui-même ne vit pas dans l'ombre de la grandeur d'autrui ; il pense par lui-même, dépend de lui-même et agit par lui-même. En rejetant ainsi l'individu sur lui-même, ce n'est pas fermer les yeux sur le stimulus, la lumière et la vie nouvelle qui viennent avec la pression chaleureuse de la main, les paroles aimables et les expressions sincères d'une véritable amitié. Mais la véritable amitié est rare ; sa grande valeur est en cas de crise, comme un canot de sauvetage. Beaucoup d'amis vantés se sont révélés être des « canots de sauvetage » qui fuyaient et sans valeur alors que la tempête de l'adversité pouvait le rendre utile. Dans ces grandes crises de la vie, l'homme n'est fort que dans la mesure où il est fort de l'intérieur, et plus il dépend de lui-même, plus il deviendra fort et plus il sera capable d'aider les autres au moment où ils en ont besoin. Sa vie même sera une aide constante et une force pour les autres, car il deviendra pour eux une leçon vivante sur la dignité de l'autonomie.

V
L'ÉCHEC COMME SUCCÈS

Il faut souvent du courage héroïque pour affronter des efforts infructueux, pour reprendre les brins brisés de l'œuvre d'une vie, pour regarder courageusement vers l'avenir et pour avancer sans se laisser décourager. Mais ce qui, à nos yeux, peut paraître un échec désespéré n'est souvent que l'aube d'un succès plus grand. Il peut contenir dans ses débris le matériau de base d'un objectif puissant, ou la révélation de possibilités nouvelles et plus élevées.

Il y a quelques années, on a proposé d'envoyer des grumes du Canada à New York, par une nouvelle méthode. Le plan ingénieux de M. Joggins consistait à lier de gros rondins ensemble par des câbles et des poutres de fer et à remorquer la cargaison comme un radeau. Lorsque le nouveau vaisseau approcha de New York et que le succès parut assuré, une terrible tempête éclata. Dans la fureur de la tempête, les bandes de fer se brisèrent comme des glaçons et les eaux en colère dispersèrent les bûches au loin. Le chef du Département hydrographique de Washington apprit l'échec de l'expérience et envoya immédiatement un message aux capitaines de navires du monde entier, les exhortant à surveiller attentivement les journaux de bord qu'il décrivait ; et de noter l'emplacement précis de chacun en latitude et longitude ainsi que l'heure à laquelle l'observation a été faite.

hommes aventureux voyageaient dans toutes les eaux . Des centaines de rapports ont été rédigés, couvrant une période de plusieurs semaines et mois. Ces observations ont ensuite été soigneusement rassemblées, systématisées et tabulées, et des découvertes ont été faites sur le cours des courants océaniques, ce qui aurait été impossible autrement. La perte du radeau Joggins ne fut pas un véritable échec, car elle conduisit à l'une des plus grandes découvertes de la géographie et de la navigation marines modernes.

Dans nos connaissances supérieures, nous sommes disposés à parler sur un ton condescendant des folies des alchimistes d'autrefois. Mais leur échec à transmuer les métaux les plus vils en or a entraîné la naissance de la chimie. Ils n'ont pas réussi dans ce qu'ils ont tenté, mais ils ont mis à la mode les procédés naturels de sublimation, de filtration, de distillation et de cristallisation ; ils inventèrent l'alambic, la cornue, le bain de sable, le bain-marie et d'autres instruments précieux. C'est à eux que l'on doit la découverte de l'antimoine, de l'éther sulfurique et du phosphore, la coupellation de l'or et de l'argent, la détermination des propriétés du salpêtre et son emploi en poudre à canon, et la découverte de la distillation des huiles essentielles. Ce fut le succès de l'échec, un processus merveilleux de la Nature pour une croissance plus élevée, une puissante leçon de réconfort, de force et d'encouragement si seulement l'homme voulait bien s'en rendre compte et l'accepter.

Beaucoup de nos échecs nous entraînent vers des sommets de succès plus élevés que ce que nous avions jamais espéré dans nos rêves les plus fous. La vie est une succession de succès et d'échecs. En découvrant l'Amérique, Colomb a échoué absolument. Son raisonnement ingénieux et ses expériences l'ont amené à croire qu'en naviguant vers l'ouest, il atteindrait l'Inde. Chaque homme rouge d'Amérique porte dans son nom « Indien », la perpétuation du souvenir de l'échec de Colomb. Le navigateur génois n'atteignit pas l'Inde ; la cargaison de « souvenirs » qu'il rapporta en Espagne pour montrer à Ferdinand et Isabelle comme preuves de son succès, attestait bien de son échec. Mais la découverte de l'Amérique fut un succès plus grand que n'importe quelle découverte d'une « porte dérobée » vers l'Inde.

Lorsque David Livingstone eut complété sa formation théologique par un cours de médecine, il fut prêt à entrer dans le champ missionnaire. Pendant plus de trois ans, il avait étudié sans relâche, avec toutes ses énergies concentrées sur un seul objectif : répandre l'Évangile en Chine. L'heure était venue où il était prêt à se lancer avec un noble enthousiasme dans l'œuvre qu'il avait choisie, à se consacrer et à consacrer sa vie à son ambition désintéressée. Puis la nouvelle est venue de Chine que la « guerre de l'opium » rendrait insensé toute tentative d'entrer dans le pays. La déception et l'échec ne l'ont pas intimidé longtemps ; il s'est offert comme missionnaire en Afrique, et il a été accepté. Son glorieux échec à atteindre la Chine a ouvert tout un continent à la lumière et à la vérité. Ses études se sont avérées une préparation idéale à ses travaux de médecin, d'explorateur, d'enseignant et d'évangéliste dans les régions sauvages d'Afrique.

Les affaires tournent mal et l'échec de son associé fait peser sur les larges épaules, ainsi que sur l'honneur et l'honnêteté encore plus vastes de Sir Walter Scott, un fardeau de responsabilité qui l'oblige à écrire. Cet échec l'a incité à déployer des efforts presque surhumains. Les chefs-d'œuvre de la fiction historique écossaise qui ont enthousiasmé, diverti et exalté des millions de ses semblables constituent un monument glorieux sur le terrain d'un apparent échec.

Lorsque Millet, le peintre de "l'Angélus", travaillait sur sa toile presque divine, dans laquelle l'air même semble palpiter de l'essence régénératrice du respect spirituel, il peignait contre le temps, il antidotait le chagrin, il courait contre la mort. Ses coups de pinceau, appliqués tôt le matin avant de se rendre à ses fonctions subalternes de porteur de chemin de fer, dans le crépuscule comme celui qui se perpétue sur sa toile, signifiaient force, nourriture et médicaments pour l'épouse mourante qu'il adorait. L'échec artistique qui l'a plongé dans les profondeurs de la pauvreté a unifié avec une merveilleuse intensité tous les éléments les plus subtils de sa nature. Cette rare unité spirituelle, cette purge de toutes les scories de la trivialité alors qu'il traversait la fournaise de la pauvreté, des épreuves et du chagrin donnaient de l'éloquence à son pinceau et lui permettaient de peindre comme jamais auparavant, comme aucune prospérité ne l'aurait rendu possible .

L'échec est souvent le tournant, le pivot des circonstances qui nous fait basculer vers des niveaux plus élevés. Ce n'est peut-être pas la réussite financière, ce n'est peut-être pas la gloire ; il peut s'agir de nouvelles inspirations spirituelles, morales ou mentales qui nous changeront pendant toutes les dernières années de notre vie. La vie n'est pas vraiment ce qui nous vient, mais ce que nous en tirons.

Que l'homme ait connu la richesse ou la pauvreté, l'échec ou le succès n'a pas d'importance quand tout cela est passé. Il n'y a qu'une seule question à laquelle il doit répondre, à laquelle il doit faire face avec audace et honnêteté, en tant qu'individu seul avec sa conscience et son destin :

"Comment vais-je laisser cette pauvreté ou cette richesse m'affecter ? Si cette épreuve ou cette privation m'a rendu meilleur, plus vrai, plus noble, alors la pauvreté a été une richesse, l'échec a été un succès. Si la richesse est venue à moi et m'a fait moi vaniteux, arrogant, méprisant, peu charitable, cynique, me fermant toute la tendresse de la vie, tous les canaux de développement supérieur, de bien possible pour mon prochain, faisant de moi le simple gardien d'un sac d'argent, alors, - - la richesse m'a menti, cela a été un échec, pas un succès ; ce n'est pas une richesse, c'est une pauvreté sombre et perfide qui m'a volé moi-même." Toutes choses deviennent pour nous ce que nous en prenons.

L'échec est l'un des éducateurs de Dieu. C'est l'expérience qui conduit l'homme vers des choses plus élevées ; c'est la révélation d'une voie, d'un chemin qui nous était jusqu'alors inconnu. Les meilleurs hommes du monde, ceux qui ont réalisé les plus grands succès réels reviennent avec un bonheur serein sur leurs échecs. Le retournement du temps montre toutes choses dans une perspective merveilleusement éclairée et satisfaisante.

Beaucoup d'hommes sont reconnaissants aujourd'hui qu'un petit succès pour lequel ils luttaient autrefois ait fondu dans les airs alors que sa main cherchait à le saisir. L'échec est souvent la base même du véritable succès. Si l'homme, dans quelques moments de sa vie, peut dire : « Ces échecs étaient les meilleures choses au monde qui pouvaient m'arriver », ne devrait-il pas affronter de nouveaux échecs avec un courage inébranlable et la confiance que le ministère miraculeux de la Nature peut transformer ces nouvelles pierres d'achoppement vers de nouveaux tremplins ?

Nos plus grands espoirs sont souvent détruits pour nous préparer à de meilleures choses. L'échec de la chenille est la naissance du papillon ; le passage du bourgeon est le devenir de la rose ; la mort ou la destruction de la graine est le prélude à sa résurrection sous forme de blé. C'est la nuit, aux heures les plus sombres, celles qui précèdent l'aube, que les plantes poussent le mieux, qu'elles grossissent le plus. Puisse-t-il ne pas s'agir là d'une des douces manifestations que la nature offre à l'homme des moments où il se développe le mieux, des ténèbres de l'échec qui évoluent vers la lumière du soleil du succès. Craignons seulement l'échec de ne pas vivre le bien tel que nous le voyons, laissant les résultats à la tutelle de l'Infini.

Si nous pensons à un moment suprême de notre vie, à un grand succès, à quelqu'un qui nous est cher, et que nous considérons ensuite comment nous avons atteint ce moment, ce succès, cet ami, nous serons surpris et fortifiés par la révélation. En retraçant chacun d'eux, étape par étape, à travers la généalogie des circonstances, nous verrons à quel point le cours de notre joie et de notre succès, du chagrin et de l'échec, a été logique et que ce qui nous donne le plus de bonheur aujourd'hui est inextricablement lié à ce qui nous causait autrefois du chagrin. Beaucoup des fleuves de notre plus grande prospérité et de notre croissance ont pris leur source et leur ruissellement s'est accru dans les recoins sombres et lugubres de notre échec.

Il n'y a pas de travail honnête et véritable, mené avec un objectif constant et sincère, qui échoue vraiment. Si cela semble parfois être un effort inutile, cela nous prouvera une nouvelle leçon sur « comment » marcher ; le secret de nos échecs nous prouvera l'inspiration de succès possibles. L'homme qui vit avec les objectifs les plus élevés, du mieux qu'il peut, en harmonie continue avec eux, est un succès, quelles que soient les statistiques d'échec qu'un monde myope et à moitié aveugle de critiques et de commentateurs puisse lui présenter.

Des idéaux élevés, de nobles efforts donneront lieu à des échecs apparents, mais des bagatelles ne doivent pas nous décourager ; ils devraient se révéler des sources de force nouvelle. Le chemin rocailleux peut s'avérer plus sûr que le chemin glissant de la douceur. Les oiseaux ne peuvent pas mieux voler avec le vent que contre lui ; les navires ne progressent pas dans le calme, lorsque les voiles battent sans rien faire contre les mâts non tendus.

L'alchimie de la Nature, supérieure à celle des Paracelsiens , transmue constamment les métaux les plus vils de l'échec en l'or pur ultérieur du succès supérieur, si l'esprit du travailleur reste fidèle, constant et infatigable dans le service, et s'il possède ce sublime un courage qui défie le destin jusqu'au pire tout en faisant de son mieux.

VI
FAIRE DE NOTRE MIEUX À TOUT MOMENT

La vie est un problème merveilleusement complexe pour l'individu, jusqu'à ce qu'un jour , dans un moment d'illumination, il se rende compte qu'il peut la rendre simple, jamais tout à fait simple, mais toujours plus simple. Il existe mille mystères du bien et du mal qui ont déconcerté les sages des siècles. Il y a des profondeurs dans les grandes questions fondamentales de la race humaine qu'aucune philosophie n'a jamais sondées. Il y a des cris sauvages d'une honnête soif de vérité qui cherchent à percer le silence au-delà de la tombe, mais qui ne leur parviennent jamais en écho , -- seulement une répétition de leurs cris sans réponse.

gouverne vraiment le monde », disons-nous, « pourquoi la vie devrait-elle être aussi Pourquoi certains hommes meurent-ils de faim tandis que d'autres se régalent ; pourquoi la vertu languit-elle souvent dans l'ombre tandis que le vice triomphe au soleil ; pourquoi l'échec suit-il si souvent les traces de l'effort honnête, tandis que le succès qui vient de la tromperie et du déshonneur est accueilli avec les applaudissements du monde ? Comment se fait-il que le père aimant d'une famille soit emporté par la mort, tandis que le fardeau sans valeur d'une autre est épargné ? Pourquoi y a-t-il tant de douleur, de chagrin et de souffrance inutiles dans le monde - pourquoi, en effet, devrait-il il y en a ?"

Ni la philosophie ni la religion ne peuvent donner de réponse définitive et satisfaisante, susceptible d'une démonstration logique, d'une preuve absolue. Il reste toujours, même après les meilleures explications, un résidu d'inexpliqué. Nous devons alors retomber dans les bras éternels de la foi et avoir la sagesse de dire : « Je ne serai pas déconcerté par ces problèmes de la vie, je ne permettrai pas qu'ils me plongent dans le doute et embrouillent ma vie de flou et de confusion. " L'homme s'arroge beaucoup de choses lorsqu'il exige de l'Infini la solution complète de tous ses mystères. Je fonderai ma vie sur le roc imprenable d'une simple vérité fondamentale : " Cette glorieuse création avec ses millions de phénomènes merveilleux palpitant toujours en harmonie avec la loi éternelle, il doit y avoir un Créateur, ce Créateur doit être omniscient et omnipotent. Mais ce Créateur lui-même ne peut, en toute justice, exiger d'une créature plus que le meilleur que cet individu peut donner. Je ferai chaque jour, à chaque instant, de mon mieux grâce à la lumière dont je dispose ; je chercherai toujours plus de lumière, une illumination plus parfaite de la vérité, et je vivrai toujours du mieux que je peux en harmonie avec la vérité telle que je la vois. Si l'échec survient , je l'affronterai avec courage ; si mon chemin se trouve alors dans l'ombre de l'épreuve, du chagrin et de la souffrance, j'aurai la paix reposante et la force calme de celui qui a fait de son mieux, qui peut regarder le passé avec aucun regret, et qui a un courage héroïque face aux résultats, quels qu'ils soient, sachant qu'il ne pourrait pas les rendre différents.

Sur ce plan de vie, sur cette fondation, l'homme peut ériger toute superstructure de religion ou de philosophie qu'il peut ériger en conscience ; il doit ajouter à son équipement pour vivre chaque parcelle de force et d'inspiration, morale, mentale ou spirituelle, qu'il est en son pouvoir d'acquérir. Cette foi simple et efficace ne s'oppose à aucun credo, ne remplace aucun ; ce n'est qu'une croyance primaire, une citadelle, un refuge où l'individu peut se retirer pour chercher des forces lorsque la bataille de la vie devient dure.

Une simple théorie de la vie, qui n'est qu'une théorie, est à peu près aussi utile à un homme qu'un menu sur tranche dorée l'est à un marin affamé sur un radeau au milieu de l'océan. C'est irritant mais pas stimulant. Aucune règle pour une vie supérieure n'aidera le moins un homme, jusqu'à ce qu'il la cherche et se l'approprie, jusqu'à ce qu'il la rende pratique dans sa vie quotidienne, jusqu'à ce que cette graine de théorie dans son esprit s'épanouit en mille fleurs de pensée et de parole. et agir.

Si un homme cherche honnêtement à vivre de son mieux à tout moment, cette détermination est visible à chaque instant de sa vie, aucune bagatelle dans sa vie ne peut être trop insignifiante pour refléter son principe de vie. Le soleil illumine et embellit une feuille tombée au bord de la route avec autant d'impartialité qu'un imposant sommet de montagne dans les Alpes. Chaque goutte d'eau dans l'océan est un exemple de la chimie de l'océan tout entier ; chaque goutte est soumise précisément aux mêmes lois qui dominent l'infinité unie de milliards de gouttes qui font ce miracle de la Nature que les hommes appellent la Mer. Aussi humble que soit la vocation de l'individu, aussi inintéressante et ennuyeuse que ses fonctions soient remplies, il doit faire de son mieux. Il doit rendre digne ce qu'il fait par l'esprit qu'il y met, il doit vitaliser le peu qu'il a de pouvoir, d'énergie, de capacité ou d'opportunité, afin de se préparer à être égal aux privilèges plus élevés lorsqu'ils se présenteront. Cela ne conduira jamais l'homme à ce contenu faible qui se contente de tout ce qui lui revient. Cela remplira plutôt son esprit de ce mécontentement divin qui accepte joyeusement le meilleur, simplement comme un substitut temporaire à quelque chose de meilleur.

L'homme qui cherche toujours à faire de son mieux est l'homme vif, actif, éveillé et agressif. Il est toujours attentif à lui-même dans les bagatelles ; sa norme n'est pas « Que dira le monde ? mais "Est-ce digne de moi ?"

Edwin Booth, l'un des plus grands acteurs de la scène américaine, ne se permettrait jamais d'adopter une attitude disgracieuse, même dans ses heures d'intimité. Dans cette chose simple, il a toujours vécu de son mieux. Sur scène, chaque mouvement était un geste de grâce inconsciente. Ceux de sa compagnie qui étaient conscients de leurs mouvements étaient les plus maladroits, qui cherchaient en public à défaire ou à cacher l'insouciance des gestes et des mouvements de leur vie privée. L'homme qui est négligé et irréfléchi dans son discours quotidien, dont le vocabulaire est un ensemble de lieux communs anémiques , dont les répétitions de phrases et l'extravagance des interjections ne servent que de faibles déguisements à son manque d'idées, ne sera jamais brillant dans une occasion où il aspire à pour éclipser les étoiles. Vivre au mieux de soi est une préparation constante pour une utilisation instantanée. Cela ne peut jamais rendre quelqu'un trop précis, gêné, affecté ou arrogant. L'éducation, dans son sens le plus élevé, est un entraînement *conscient* de l'esprit ou du corps à agir *inconsciemment* . Il s'agit d'une formation consciente d'habitudes mentales et non d'une simple acquisition d'informations.

L'une des nombreuses façons par lesquelles l'individu s'éclipse imprudemment est son culte du fétiche de la chance. Il estime que tous les autres ont de la chance et que quoi qu'il tente, il échoue. Il ne se rend pas compte de l'énergie infatigable, de la concentration incessante, du courage héroïque, de la patience sublime qui sont le secret de la réussite de certains hommes. Leur « chance » était qu'ils s'étaient préparés à être à la hauteur de leur opportunité lorsqu'elle se présenterait et qu'ils étaient éveillés pour la reconnaître et la recevoir. Sa propre opportunité se présentait et passait inaperçue, elle ne le réveillerait pas de ses rêves d'une richesse incalculable qui tomberait sur ses genoux. Alors il se décourage et envie ceux qu'il devrait imiter, et il bande son bras et chloroforme ses énergies, et accomplit ses devoirs de manière superficielle, ou il traverse la vie, simplement en « échantillonnant » des lignes d'activité.

Le combattant honnête et fidèle doit toujours se rendre compte que l'échec n'est qu'un épisode de la vie d'un véritable homme, et jamais toute l'histoire. Ce n'est jamais facile à réaliser, et aucune philosophie ne peut le rendre ainsi, mais le courage inébranlable de maîtriser les conditions, au lieu de s'en plaindre, l'aidera sur son chemin ; cela lui permettra toujours de tirer le meilleur parti de ce qu'il a. Il ne connaît jamais la longue série d'échecs vaincus qui donnent de la solidité au succès d'autrui ; il ne se rend pas compte du prix qu'un homme riche, le football innocent des mécontents politiques et des démagogues, a héroïquement payé pour la richesse et la position.

L'homme qui a un doute pessimiste sur toutes choses ; qui exige une garantie certifiée de son avenir ; quiconque craint que son travail ne soit ni reconnu ni apprécié ; ou qu'après tout, ça n'en vaut vraiment pas la peine , il ne vivra jamais au mieux. Il affaiblit sa capacité de progrès réel par sa série hypnotique d'excuses pour l'inactivité, au lieu d'un puissant tonique de raisons d'agir.

L'un des éléments les plus affaiblissants de la constitution individuelle est l'abandon face aux années qui arrivent. La confiance en soi de l'homme diminue et meurt dans la peur de l'âge. "Cette nouvelle pensée", dit-il à propos d'une suggestion tendant vers un développement plus élevé, "est bonne ; c'est ce dont nous avons besoin. Je suis heureux de l'avoir pour mes enfants ; j'aurais été heureux d'avoir une telle aide quand j'étais à l'école, mais il est trop tard pour moi. Je suis un homme avancé en âge.

Ceci n'est qu'une fermeture aveugle de la vie à de merveilleuses possibilités. Le glas des occasions perdues n'est jamais sonné dans cette vie. Il n'est jamais trop tard pour reconnaître la vérité et vivre selon elle. Cela nécessite seulement un plus grand effort, une attention plus étroite, une consécration plus profonde ; mais l'impossible n'existe pas pour l'homme qui a confiance en lui et est prêt à en payer le prix à temps et à lutter pour sa réussite ou son développement. Plus tard dans la vie, les évaluations sont plus lourdes, comme dans l'assurance-vie, mais cela n'a pas d'importance pour cette grande confiance en soi qui *ne* vieillira pas tant que la connaissance peut la garder jeune.

Socrate, lorsque ses cheveux blanchirent par la neige de l'âge, apprit à jouer des instruments de musique. Caton, à quatre-vingt ans, commença l'étude du grec, et le même âge vit Plutarque commencer, avec l'enthousiasme d'un enfant, ses premières leçons de latin. Le Caractère de l'Homme, la plus grande œuvre de Théophraste, fut commencée le jour de son quatre-vingt-dixième anniversaire. Les Contes de Canterbury de Chaucer étaient l'œuvre des années de déclin du poète. Ronsard, le père de la poésie française, dont même la traduction ne peut détruire les sonnets, n'a développé sa faculté poétique que vers cinquante ans. Benjamin Franklin, à cet âge, venait tout juste de faire ses premiers pas importants dans la recherche philosophique. Arnauld , le théologien et sage, traduisit Josèphe dans sa quatre-vingtième année. Winckelmann, l'un des écrivains les plus célèbres sur les antiquités classiques, était le fils d'un cordonnier et a vécu dans l'obscurité et l'ignorance jusqu'à la fleur de l'âge. Hobbes, le philosophe anglais, publia sa version de l'Odyssée dans sa quatre-vingt-septième année, et son Iliade un an plus tard. Chevreul , le grand scientifique français, dont les travaux inlassables dans le domaine de la couleur ont tant enrichi le monde, était occupé, vif et actif lorsque la Mort l'a appelé, à l'âge de 103 ans.

Ces hommes ne craignaient pas l'âge ; ces quelques noms tirés de la grande liste des personnalités célèbres qui ont défié les années devraient être des voix d'espoir et réconfortantes pour chaque individu dont le courage et la confiance sont faibles. Le chemin de la vérité, d'une vie plus élevée et d'un développement plus vrai dans chaque phase de la vie, n'est jamais fermé à l'individu – jusqu'à ce qu'il le ferme lui-même. Que l'homme le ressente, le croie et fasse de cette foi un facteur réel et vivant dans sa vie et il n'y a pas de limites à son progrès. Il lui suffit de vivre de son mieux à tout moment et de rester calme et serein, quels que soient les résultats de ses efforts. Le fait de regarder constamment en arrière vers ce qui aurait pu être, au lieu de se tourner vers ce qui pourrait être, affaiblit grandement la confiance en soi. Ce souci du passé ancien, cette énergie gaspillée, pour ce qu'aucune puissance au monde ne peut restaurer, diminue toujours la confiance de l'individu en lui-même, affaiblit ses efforts pour se développer pour l'avenir jusqu'à la perfection de ses possibilités.

La nature, dans son bel amour et sa tendresse, dit à l'homme, affaibli, épuisé et fatigué par la lutte : « Fais de la meilleure façon possible la bagatelle qui est sous ta main en ce moment ; fais-le dans le meilleur esprit de préparation pour le l'avenir que votre pensée suggère ; apportez toute la lumière de la connaissance de tout le passé pour vous aider. Faites cela et vous avez fait de votre mieux. Le passé vous est à jamais fermé. Il vous est fermé à jamais. Pas de souci, pas de lutte, non souffrance, aucune agonie de désespoir ne peut l'altérer. C'est autant au-delà de votre pouvoir que s'il y avait un million d'années d'éternité derrière vous. Transformez tout ce passé, avec ses heures tristes, sa faiblesse et son péché, ses opportunités gâchées, en lumière ; en confiance et d'espérance en l'avenir. Tournez tout cela dans plus de vérité et de lumière, de manière à faire de chaque bagatelle de ce présent un nouveau passé sur lequel il sera agréable de regarder en arrière ; chaque bagatelle est une préparation plus grande, plus noble et plus parfaite pour l'avenir. l'avenir. Le présent et l'avenir que vous pouvez en faire sont à vous ; le passé est retourné, avec tous ses messages, toute son histoire, tous ses enregistrements, à Dieu qui vous a prêté les moments d'or à utiliser en obéissance à sa loi. ".

VII
LA VOIE ROYALE VERS LE BONHEUR

"De toute ma vie, je n'ai pas eu vingt-quatre heures de bonheur." C'est ce qu'a dit le prince Bismarck, l'un des plus grands hommes d'État du XIXe siècle. Quatre-vingt-trois ans de richesse, de renommée, d'honneurs, de pouvoir, d'influence, de prospérité et de triomphe, – des années où il tenait un empire entre ses doigts – mais pas un jour de bonheur !

Le bonheur est le plus grand paradoxe de la nature. Il peut pousser dans n'importe quel sol et vivre dans n'importe quelles conditions. Cela défie l'environnement. Cela vient de l'intérieur ; c'est la révélation des profondeurs de la vie intérieure alors que la lumière et la chaleur proclament le soleil d'où elles rayonnent. Le bonheur ne consiste pas à avoir, mais à être ; non pas de posséder, mais de jouir. C'est la lueur chaleureuse d'un cœur en paix avec lui-même. Un martyr sur le bûcher peut avoir un bonheur qu'un roi sur son trône pourrait envier. L'homme est le créateur de son propre bonheur ; c'est l'arôme d'une vie vécue en harmonie avec des idéaux élevés. Pour ce qu'un homme *possède* , il peut dépendre des autres ; ce qu'il *est* , n'appartient qu'à lui. Ce qu'il *obtient* dans la vie n'est qu'une acquisition ; ce qu'il *atteint* , c'est la croissance. Le bonheur est la joie de l'âme de posséder l'intangible. Le bonheur absolu, parfait et continu dans la vie est impossible pour l'humain. Cela signifierait la consommation des acquis, la conscience individuelle d'un destin parfaitement accompli. Le bonheur est paradoxal car il peut coexister avec l'épreuve, le chagrin et la pauvreté. C'est la joie du cœur, qui s'élève au-dessus de toutes les conditions.

Le bonheur a un certain nombre de sous-études – la gratification, la satisfaction, le contenu et le plaisir – des imitateurs intelligents qui simulent son apparence plutôt que d'imiter sa méthode. La gratification est une harmonie entre nos désirs et nos possessions. C'est toujours incomplet, c'est l'acceptation reconnaissante d'une partie. C'est un plaisir mental quant à la qualité de ce qu'on reçoit, une insatisfaction quant à la quantité. C'est peut-être un élément du bonheur, mais en soi, ce n'est pas le bonheur.

La satisfaction est l'identité parfaite de nos désirs et de nos possessions. Elle n'existe que tant que cette union et cette unité parfaites peuvent être préservées. Mais chaque idéal réalisé donne naissance à de nouveaux idéaux, chaque pas en avant révèle de vastes domaines inatteignables ; chaque repas stimule de nouveaux appétits, – alors les désirs et les possessions ne sont plus identiques, plus égaux ; de nouvelles envies appellent de nouvelles activités, l'équilibre est détruit et l'insatisfaction réapparaît . L'homme peut posséder tout ce qui est tangible dans le monde et pourtant ne pas être heureux, car le bonheur est la satisfaction de l'âme, et non de l'esprit ou du corps.

L'insatisfaction, dans son sens le plus élevé, est la note dominante de tout progrès, l'évidence d'aspirations nouvelles, la garantie de la révélation progressive de nouvelles possibilités.

Le contenu est une vertu largement surfaite. C'est une sorte de désespoir dilué ; c'est le sentiment avec lequel nous continuons à accepter des substituts, sans chercher à atteindre les réalités. Le contenu amène l'individu formé à avaler du vinaigre et à essayer de se claquer les lèvres comme s'il s'agissait de vin. Le contenu permet de se réchauffer les mains au feu d'une joie passée qui n'existe que dans la mémoire. Le contenu est un chloroforme mental et moral qui amortit les activités de l'individu pour s'élever vers des plans supérieurs de vie et de croissance. L'homme ne devrait jamais se contenter de rien de moins que ce que les meilleurs efforts de sa nature peuvent lui assurer. Le contenu rend le monde plus confortable pour l'individu, mais c'est le glas du progrès. L'homme devrait se contenter de chaque étape du progrès comme d'une simple étape, et ne pas s'en contenter comme d'une destination ; content de cela comme une étape; mécontent de cette finalité. Il y a des moments où un homme devrait se contenter de ce qu'il *a* , mais jamais de ce qu'il *est* .

Mais le contenu n'est pas le bonheur ; le plaisir non plus. Le plaisir est temporaire, le bonheur est continu ; le plaisir est une note, le bonheur est une symphonie ; le plaisir peut exister lorsque la conscience exprime des protestations ; le bonheur, – jamais. Le plaisir peut avoir sa lie et ses lies ; mais on n'en trouve aucun dans la coupe du bonheur.

L'homme est le seul animal qui puisse être vraiment heureux. Au reste de la création appartiennent seulement de faibles imitations des doublures. Le bonheur représente l'harmonisation paisible d'une vie avec un niveau de vie. Cela ne peut jamais être fait par l'individu, par lui-même, pour lui-même. C'est l'un des sous-produits accidentels d'une vie altruiste. Aucun homme ne peut faire de son propre bonheur le seul objectif de sa vie et l'atteindre, pas plus qu'il ne peut sauter au bout de son ombre. Si vous voulez viser la cible du bonheur sur la cible de la vie, visez au-dessus. Placez les autres choses plus haut que votre propre bonheur et il viendra sûrement à vous. Vous pouvez acheter du plaisir, vous pouvez acquérir du contenu, vous pouvez devenir satisfait, mais la nature n'a jamais mis le vrai bonheur sur le comptoir des bonnes affaires. C'est l'accompagnement indétachable de la vraie vie. C'est calme et paisible ; il ne vit jamais dans une atmosphère d'inquiétude ou de lutte désespérée.

La base du bonheur est l'amour de quelque chose en dehors de soi. Cherchez chaque exemple de bonheur dans le monde et vous découvrirez que, lorsque tous les aspects accessoires sont éliminés, il y a toujours l'élément constant et immuable de l'amour, l'amour du parent pour l'enfant ; l'amour de l'homme et de la femme l'un pour l'autre ; l'amour de l'humanité sous une forme ou une grande œuvre de vie dans laquelle l'individu consacre toutes ses énergies.

Le bonheur est la voix de l'optimisme, de la foi, d'un amour simple et inébranlable. Aucun cynique ou pessimiste ne peut être vraiment heureux. Un cynique est un homme moralement myope et qui s'en vante. Il voit le mal dans son propre cœur et pense voir le monde. Il laisse une paille dans son œil éclipser le soleil. Un cynique incurable est un individu qui devrait aspirer à la mort, car la vie ne peut pas lui apporter le bonheur, la mort pourrait le faire. La cause principale du manque de bonheur de Bismarck était sa profonde méfiance à l'égard de la nature humaine.

Il existe une voie royale vers le bonheur ; elle réside dans la Consécration, la Concentration, la Conquête et la Conscience.

La consécration, c'est consacrer sa vie individuelle au service des autres, à une noble mission, à la réalisation d'un idéal désintéressé. La vie n'est pas quelque chose à *vivre* ; c'est quelque chose à *respecter* . C'est un privilège, pas une servitude pénale de tant de décennies sur terre. La consécration place l'objet de la vie au-dessus de la simple acquisition d'argent, comme une finalité. L'homme altruiste, gentil, aimant, tendre, serviable, prêt à alléger le fardeau de ceux qui l'entourent, à réconforter ceux qui luttent, à s'oublier parfois en se souvenant des autres, – est sur la bonne voie du bonheur. La consécration est toujours active, audacieuse et agressive, ne craignant rien d'autre qu'une éventuelle déloyauté envers les idéaux élevés.

La concentration rend la vie individuelle plus simple et plus profonde. Il élimine les impostures et les faux-semblants de la vie moderne et limite la vie à ses véritables éléments essentiels. L'inquiétude, la peur, les regrets inutiles – tous les grands gaspillages qui sapent l'énergie mentale, morale ou physique doivent être sacrifiés, sinon l'individu détruit inutilement la moitié des possibilités de vie. Un grand but dans la vie, quelque chose qui unifie les brins et les fils de la pensée de chaque jour, quelque chose qui atténue les petites épreuves, les chagrins, les souffrances et les erreurs de la vie, est une grande aide à la concentration. Les soldats au combat peuvent oublier leurs blessures, ou même en être inconscients, dans l'inspiration de se battre pour ce qu'ils croient être juste. La concentration donne de la dignité à une vie humble ; cela fait une belle vie, – sublime. En morale, c'est un raccourci vers la simplicité. Cela conduit au bien pour le bien, sans pensée de politique ou de récompense. Il apporte calme et repos à l'individu, une sérénité qui n'est que le soleil du bonheur.

La conquête est le dépassement d'une mauvaise habitude, la montée en puissance de l'opposition et de l'attaque, l'exaltation spirituelle qui vient de la résistance à l'invasion du côté matériel rampant de la vie. Parfois, lorsque vous êtes épuisé et faible par la lutte ; quand il semble que la justice est un rêve, que l'honnêteté, la loyauté et la vérité ne comptent pour rien, que le diable est le seul bon payeur ; Quand l'espoir s'estompe et vacille, c'est alors le moment où vous devez dominer dans la grande foi sublime que le Droit doit prévaloir, alors vous devez étouffer ces diablotins de doute et de désespoir, vous devez vous maîtriser pour maîtriser le monde qui vous entoure. C'est la Conquête ; c'est ce qui compte. Même une bûche peut flotter avec le courant, il faut un homme pour lutter vigoureusement contre une marée opposée qui entraînerait son embarcation hors de sa route. Lorsque les jalousies, les petites intrigues, les méchancetés et les malentendus de la vie vous assaillent, élevez-vous au-dessus d'eux. Soyez comme un phare qui illumine et embellit les vagues grondantes et déferlantes de la tempête qui le menacent, qui cherchent à le saper et cherchent à le submerger. C'est la Conquête. Lorsque l'occasion de gagner la renommée, la richesse, le succès ou d'atteindre le désir de votre cœur, par le sacrifice d'un honneur ou d'un principe, se présente à vous et que cela ne vous affecte pas assez longtemps même pour ressembler à une tentation, vous êtes le vainqueur. Cela aussi, c'est la Conquête. Et la Conquête s'inscrit dans la voie royale du Bonheur.

La conscience, en tant que mentor, guide et boussole de chaque acte, mène toujours au bonheur. Lorsque l'individu peut rester seul avec sa conscience et obtenir son approbation, sans recourir à la force ou à une logique spécieuse, alors il commence à connaître ce qu'est le vrai Bonheur. Mais l'individu doit veiller à ne pas faire appel à une conscience pervertie ou endormie par les actes répréhensibles et la surdité ultérieure de son propriétaire. L'homme qui cherche honnêtement à vivre sa vie dans la Consécration, la Concentration et la Conquête, vivant au jour le jour du mieux qu'il peut, par la lumière dont il dispose, peut s'appuyer explicitement sur sa Conscience. Il peut fermer ses oreilles à « ce que dit le monde » et trouver dans l'approbation de sa propre conscience la plus haute tribune terrestre, la voix de l'Infini communiquant avec l'Individu.

Le malheur est la faim d'obtenir ; Le bonheur est la faim de donner. Le vrai bonheur doit toujours avoir la teinte du chagrin surmonté, le sentiment de douleur adouci par les années douces, le châtiment de la perte qui, dans le merveilleux mystère du temps, transmue notre souffrance en amour et en sympathie pour les autres.

Si l'individu se mettait en route un seul jour pour donner du bonheur, pour rendre la vie plus heureuse, plus lumineuse et plus douce, non pas pour lui-même mais pour les autres, il trouverait une merveilleuse révélation de ce qu'est réellement le bonheur. Le plus grand des héros du monde ne pourrait, par aucune série d'actes d'héroïsme, faire autant de bien que n'importe quel individu vivant toute sa vie à chercher, jour après jour, à rendre les autres heureux.

Chaque jour devrait apporter une nouvelle résolution, une nouvelle force et un enthousiasme renouvelé. "Juste pour aujourd'hui" pourrait être la devise quotidienne de milliers de sociétés à travers le pays, composées de membres unis pour rendre le monde meilleur par des actes simples et constants de gentillesse, des actes constants de douceur et d'amour. Et le bonheur leur viendrait, dans sa forme la plus élevée et la meilleure, non pas parce qu'ils chercheraient à l'*absorber*, mais parce qu'ils cherchent à le *rayonner*.